Ulrich Schaffer

Alles beginnt da, wo du stehst

Ulrich Schaffer im Kreuz Verlag

Alles beginnt da, wo du stehst

Wir beginnen oft nicht dort, wo wir sind, sondern in einer Phantasie, in einem "Wenn....dann". Wir konzentrieren uns auf das, was war, und auf das, was sein wird. Wir schätzen das Jetzt nicht genug. Was heißt "jetzt"? Die ganze Situation meines Lebens mit allen Enttäuschungen und Hoffnungen, mit Ängsten und Nöten, mit meinen Begrenzungen und Möglichkeiten, mit allem, was ich bin.

Wir tun oft so, als sei eigentlich schon alles anders, als wären wir schon weiter, als wäre schon geschehen, was wir erst träumen. So sind wir nicht angeschlossen an unser Leben. Alles beginnt in der Beziehung, in der du stehst, mit der Arbeit, die du ausführst, mit den Begabungen, die du hast, mit der Vergangenheit, die zu dir gehört, mit dem Gottesbild, das dich geprägt hat. Was willst du daraus machen?

Es ist unser Glück,
dass die Zeit in jeder Sekunde,
in jeder Minute und in jeder Stunde
eine neue ist.
Sie wiederholt sich nicht,
nichts wiederholt sich.
Jeder Moment ist ein Neubeginn –
ein Augenblick der Entscheidung.
Es ist nicht zu spät,
aus Überzeugung zu leben
anstatt in Routine.

Immer ist die richtige Zeit,
geboren zu werden.

Dies
ist der Ort
deiner Selbsttreue.
Dies ist der Tag deiner Selbsttreue.
Was war, war.
Was sein wird, wird sein.
Konstant bleibst nur du,
wenn du wirklich du bist.

Gib dir selbst
nicht einen anderen Namen,
halte unter deinem still.
In ihm schwingt,
was du aus dir gemacht hast,
was du bist.

*Gerade da, wo du stehst,
ist der Anfang deines Glaubens.
Du hast an ihm gebaut,
seitdem du Kind warst,
hast ihn mitgenommen,
dich mit ihm abgeschleppt,
hast ihn genossen
und bist glücklich mit ihm gewesen.
An diesem Tag
geht dein bisheriges Leben zu Ende,
und der Rest deines Lebens beginnt.
Dies ist der Moment der Erneuerung.
Alles ist dir in die Hände gelegt.
Was glaubst du?
Was macht dich lebendig?*

Es
wird immer weniger,
was ich brauche.
Der Sonnenschein eben
auf dem Buch, das ich lese, reicht.
Ich werde genügsam
und lerne, auszuruhen in dem Einfachen
und nur zu sein.

Andererseits strecke ich mich immer mehr aus.
Diese Bewegung hat keinen Namen
und will keinen.
Sie reicht ins Unermessliche,
jedoch so weit innen,
dass selbst ich es nur manchmal wahrnehme.

Mit immer weniger
will ich immer mehr.
Ich ahne,
dass irgendwann
beides eins sein wird.
Da,
ein Adler kreist über mir.

Gerade da, wo du stehst,
ist das Geheimnis.
Es ist nicht woanders,
nicht in den weisen Schriften eines Menschen,
nicht in der Tiefsinnigkeit
eines Freundes oder Fremden,
nicht in der Vergangenheit oder der Zukunft.
Die Welt da draußen ist die Welt da draußen,
finde zu der Welt in dir.

Wenn du das Geheimnis in dir nicht ehrst,
bleibt dir die Welt verschlossen.
Nur was du in dir findest,
findest du auch um dich.
Das Geheimnis ist ein unaufdringliches Licht,
das uns erleuchtet und verwandelt.

Gibt es ein größeres Geheimnis
als das des eigenen Lebens,
eingebettet in das Geheimnis der Welt?

Wir wollen uns etwas erarbeiten,
wir wollen unser Leben verdienen,
es soll Einsatz erfordern und hart sein.
Darum fällt es uns schwer,
unsere Hände mit den Handflächen nach oben
in die Luft zu halten
und daran zu glauben, dass sie sich füllen werden,
oder vielleicht sogar,
dass sie längst gefüllt sind
und nur unsere Blindheit das Problem ist.
Wie leicht fällt uns zu, was wir uns wünschen,
wenn unsere Seele empfangsbereit ist.

Es gehört zu uns, zu zweifeln,
die rechte Hand zu sehen
und das Zucken in der linken zu spüren,
weil sie die rechte zurückhalten will.

Was unklar ist, wird noch unklarer,
wenn wir darüber nachdenken.
Aus dem, was wir wussten,
wird, was wir nicht wissen.
Wir sind gespalten und leiden unter dem Riss,
der durch uns hindurchläuft.

Und nicht selten ist gerade dieser Zwiespalt
der Spalt, durch den Licht in unser Leben fällt.
Aus Unsicherheit und Fragen wird Einsicht.
Wer zweifelt, glaubt bereits,
aber auf einer anderen Ebene.

Während sich eine Wolke
vor die Sonne schiebt,
setze ich mich auf einen Stein am Meer,
und schon kommen sie, wie seit Jahren,
mit ihren warmen Armen,
mit ihren Bögen und Senken,
mit ihrer Stille und Heimlichtuerei,
bringen mir die Vertrautheit,
die sich gebildet hat,
wie ein winziges Loch in meinem Herzen,
durch das das Leben entschwinden kann,
wie eine Rede nach rückwärts gerichtet,
als wäre das Leben nur Vergangenheit, kommen sie,
die Gedanken vom Sterben,
und gehen jetzt manchmal
in die Leere nach diesem Leben,
in der alles möglich ist,
besonders das, was ich nicht denken kann.

Ich will mich
noch vor meinem Tod einholen
und bei mir sein.

Es gibt einen Moment der Wahrheit,
in dem fällt alles Gewesene von uns ab,
und wir treten aus dem Niemandsland
in das helle Licht der Bewusstheit.
Es mag ausgelöst werden durch einen Vogel,
der durch deinen Gesichtskreis fliegt,
oder durch eine blühende Kirsche,
die du zum ersten Mal
seit Jahren bewusst wahrnimmst.
Es mag während eines Gesprächs geschehen
oder in der Stille deines eigenen Kopfes,
auf dem Mond deiner Gedanken
oder im Wald deiner Gefühle.
Halte dich offen dafür.
Diesen Moment musst du ergreifen,
in ihm neigt ein Engel sich zu dir und küsst dich,
dass dein Geist und deine Seele
brennen von der Berührung.
Alles andere ist unwichtig.
Lass es fliegen. Ergreife den Moment.
Jeder Moment ist ein Ereignis,
von Minute zu Minute wird etwas wahr.
Die Welt faltet sich auf, nicht irgendwann,

nicht in einer noch unbewohnbaren Zukunft,
sondern in diesem Moment.
Die ganze Vergangenheit
ist auf diesen Punkt zugesteuert,
und die gesamte Zukunft
geht von diesem Punkt aus.
Es ist der Angelpunkt,
um den sich alles dreht.
Nimm die Sonne auf deinem Gesicht wahr,
spüre die Ströme in dem Gespräch mit dem Freund,
achte darauf, wie du Fuß vor Fuß setzt,
genieße das Honigbrot,
in dem die Weite der Getreidefelder
und die summenden Wiesen noch zu spüren sind,
höre auf die Einsichten in dir.
Dein Leben ist ein Ereignis,
das jeden Moment neu stattfindet.
Sei dabei.
Verliere dich nicht in dem
"hätten", "wären" und "würden",
die dir nicht gehören.
Wir wollen den Moment fassen
mit der ganzen Festigkeit, zu der wir fähig sind,
und mit der Leichtigkeit, die alles loslassen kann.

Unter deinen Füßen,
in deinem Herzen,
in deinen Beziehungen,
in der Ausweglosigkeit,
in dem Befremdenden,
in dem Ärgerlichen und Aufreibenden,
gerade da liegt der Schatz.

In dem, was du längst kennst
und schon lange übersiehst,
ist ein Reichtum verborgen.
Vielleicht siehst du es nicht,
weil du Angst hast
vor dem Schatz unter deinen Füßen.

Kein Weg ist so weit wie der
zu dem Schatz,
der da verborgen liegt,
wo du stehst.

Wo du stehst,
gerade da, wo du stehst,
erscheint Gott.
Du musst nicht zu ihm reisen,
und er reist dir nicht nach,
sondern ist immer da, wo du stehst.
Sonst wäre es unmöglich, ihn zu finden.

Gerade da, wo du stehst,
ist der Ort der Erkenntnis.
Weisheit schiebt sich
zwischen die Sekunden,
zwischen die kleinsten Handlungen,
zwischen Worte und Stille,
und plötzlich steht eine Tür offen,
ist ein Weg frei.
Licht ist über dich gehuscht.
Bemerkst du es?
Das hängt nicht von den Umständen ab,
sondern von deiner Sicht.

Heute hätten wir sterben können.
Es gehört immer dazu,
wie das Frühstück, das Zähneputzen,
wie der Schritt vor die Tür.
Es drängt sich dazwischen
mit dem Herzen, mit der Lunge,
mit den Zellen, die auf der Kippe stehen:
zu wuchern oder nicht.
Sehen wir genauer hin,
ist es bereits in dem, was wir tun,
und bildet die Vollkommenheit dieser Handlungen,
eines Tages, vielleicht heute,
vielleicht morgen.

Wenn es so dazu gehört,
ist es Zeit, dass ich es in mich aufnehme
wie das Schwarzbrot, die Zahnpasta
und die Klinke der Tür.

Gerade hier ist, wo wir wirken können.
Gerade hier sind wir gefordert.
Wenn uns überhaupt etwas gehört,
dann nur dieser Moment
und die Stelle, an der wir stehen.
Wieviel leichter ist es,
den Auftrag weit weg
und unter anderen Umständen zu sehen –
aber es gilt, den Moment aufzufalten,
wie man ein Papier entfaltet,
und unsere Liebe hineinzugeben
in das Alltägliche, das Bekannte,
das alles Wunder verloren hat.

*Gerade da,
wo du stehst,
geschieht auch die Verwandlung.
Schon lange glaube ich nicht mehr,
dass das Eigentliche erst kommt,
dass Gott uns zu sich ziehen will
in eine Welt, die unserer entrückt ist.
Das Eigentliche ist hier und jetzt,
und Gott ist ein Gott
der Sekunde und der Minute.
Ihn anderswo zu suchen heißt,
ihn aus unserem Leben zu verbannen –
ihn und uns selbst zu verlieren.*

Bewohnst du diesen Moment?
Du kannst in ihm nichts gestern
und nichts morgen beginnen.
Der Startpunkt ist nicht die große Stadt,
nicht die Landschaft, von der du träumst,
nicht das Haus, in das du zu ziehen gedenkst,
nicht die Menschen, die du zu treffen hoffst,
nicht die Lohnerhöhung oder der Ruhestand,
nicht die Ehe oder die Trennung.
Das alles sind Ausreden,
damit du nicht sehend wirst für das,
was gerade in deinem Leben entsteht.

Zufrieden und unzufrieden,
kontemplativ und aktiv,
hell und dunkel,
fertig und unfertig,
frei und gefangen,
nach innen gekehrt und nach außen,
alt und neu, jung und alt –
du bist immer beides
gerade da, wo du stehst.

Alles in deinem Leben
hat eine Vielzahl von Ursprüngen,
und doch ist es ganz einfach.
Sämtliche Wege sind Irrwege,
und doch führen sie alle zum Ziel.
Du bist so vollgepackt und doch so leer.
In alle Richtungen gehst du
und bleibst doch immer bei dir.

Vielleicht ist die Zeit gekommen, das loszulassen,
was ich mit Liebe gesammelt habe –
die Steine, die Zuwendung,
die Kiefernzapfen, die Erinnerungen,
die Federn, die Knochen, die winzigen Schätze –
es zurückzugeben an die Erde
und mich auszuruhen in der Leere meines Lebens.
Ich will noch nicht sterben,
aber ich will mit weniger Ballast leben.

Ich spreche zu mir:
"Halte dich bereit,
das Andere kommt näher –
es wird an dir geschehen,
überraschend und groß,
klein und unscheinbar."
Da ist es schon:
in der Stille zwischen den Silben,
zwischen den Herzschlägen,
wenn sich Licht und Schatten abwechseln,
immerimmerzu.

Der Ort,
wo du stehst,
ist alle Orte,
wenn du ihn bewusst besetzt.

Von diesem Ort
sind alle anderen
zu erreichen.

Wenn du wirklich da bist,
wo du bist,
dann bist du überall.

Allerorten ist bei dir.
So kannst du dich lieben!

Zu den Fotos

Umschlag: Herbstwaldweg im Altmühltal, in der Nähe von Eichstätt, Bayern.

Vorsatzpapier: Geeggte Felder im östlichen Washington, USA. Es ist, als wenn die Bauern sich hier einen besonderen Spaß erlauben.

7 Rapsfelder bei Rossach, Gemeinde Schöntal, Baden-Württemberg.

9 Iris, Burnaby, BC, Kanada.

11 Kleiner See im Inneren der Provinz British Columbia, in der ich seit 1955 wohne.

13 Sandsteinformation in der Nähe des Paria River, auf der Grenze zwischen Utah und Arizona, USA.

15 Regenwald, auf Galiano Island, BC, Kanada.

17 Indian Paintbrush (Castilleja affinis) auf dem Colorado Plateau, USA.

19 Rabe in einem kleinen Nebencanyon des Long Canyon, genannt "God's Pocket", östlich von Boulder, Utah, USA. An diesem Tag habe ich etwa sechs Stunden angespannt mit dem Finger auf dem Auslöser der Kamera gestanden, um die einzelnen Raben, die etwa alle halbe Stunde kamen, genau an der richtigen Stelle in dem Dreieck des Himmelsblaus zu fotografieren.

21 Combers Beach, am offenen Pazifik, Westküste von Vancouver Island, BC, Kanada.

24/25 Manchmal scheinen die Steine des Colorado Plateau von innen her zu glühen, wenn sie die Wärme der Sonne den ganzen Tag über in sich aufgenommen haben. Tote Baumwurzeln und Äste halten sich hier viele Jahre, weil die Luftfeuchtigkeit so gering ist.

27 Eine Felswand in den Kolob Finger Canyons, die manchmal so wirkt, als habe sie eine Tür, durch die man in ein Märchenreich treten könne.

29 In Death Hollow, einem Canyon im Escalante Gebiet in Utah, USA. Durch Wolken vor der Sonne fielen die Strahlen immer nur auf einzelne Stellen der Canyonwände. Es war ein wunderbares Licht- und Schattenspiel.

31 Winter in West Vancouver, BC, Kanada.

33 Morgenlicht auf einer Buche, bei Ingolstadt, Bayern.

35 In der "Mitte der Welt", wie einige Fotografen diese Stelle auf dem Colorado Plateau nennen.

37 Herbstahorn in der Gegend des Mount Timpanogos, Utah, USA.

39 Kiefer und bemooste Granitfelsen am Pazifik, Lighthouse Park, West Vancouver, BC, Kanada.

41 Passage Island vor der Küste von Vancouver, am Abend. Mir war es, als wenn die kleine Pfütze Regenwasser in dem Granit und die ferne Insel miteinander kommunizierten.

42/43 Herbst in den Rocky Mountains, Glacier National Park, Montana, USA.

45 Birke, irgendwo in Schleswig-Holstein.

Einen Sinn finden

Unsere Zeit ist gekennzeichnet durch eine Konzentration auf das Negative. Die Medien überschlagen sich, uns das Kaputte und Entleerte zu präsentieren. Bei vielen herrscht eine Hoffnungslosigkeit, die bis in die kleinsten Regungen reicht. Vieles ist angefressen von einer Skepsis, die nichts mehr ernst nimmt und unsere Fähigkeit, zu vertrauen, nur belächelt. Viele scheinen keine Werte zu haben, für die es sich zu leben lohnt. Die Institutionen, in denen wir uns entfaltet haben, sind durch viele Enttäuschungen unglaubwürdig geworden. Ein aggressiver und oft brutaler Ton hat sich unter uns breit gemacht.

Aber so können wir nicht leben, nicht auf Dauer. So höhlen wir uns selbst aus. Viele suchen Zuwendung, erfüllte Werte, spirituelle Zusammenhänge, um leben zu können. Diese Suche möchte ich mit dieser Buchserie unterstützen. In Texten und Bildern und in der ganzen Aufmachung will ich versuchen, Mut zu machen, einen Sinn zu finden, Werte zu setzen, sich zu öffnen für die vielen Wunder, die es in uns und um uns gibt. So wie es große Wut und Zerstörung gibt, so gibt es auch Liebe und Sanftmut. Für jeden Mörder, von dem wir hören, gibt es hundert oder gar tausend Menschen, die in ihrer Liebe, Opferbereitschaft und Zartheit über sich selbst hinauswachsen und Leben schaffen. Auch das ist eine Wirklichkeit dieser Welt, die wir aktiv verstärken können.

Weitere Bände dieser Reihe

Du bist einzigartig

Fast überall auf dem Planeten gibt es uns Menschen. Wir werden abgezählt, Gruppen zugeordnet, hochgerechnet. Dabei ist jeder von uns einzigartig. Wie finden wir zu uns selbst und zueinander?

Erinnere dich an deine Kraft

Wir alle haben „Zeiten der Kraft" erlebt, Momente, in denen wir über uns selbst hinausgewachsen sind und einen Weg gefunden haben. Wie können wir uns an die Quellen der Kraft erinnern?

Das Leben in dir

Wenn uns Pflichten, Erwartungen, Enge und Hektik bedrücken, kommen wir uns oft vor wie Zuschauer unseres eigenen Daseins. Wie können wir Wünsche und Sehnsüchte wieder in uns wachrufen?

Sein wie ein Baum

Bäume sprechen eine eindringliche Sprache: die Sprache der Weisheit. Viele Menschen haben ein Ohr dafür. Die Beständigkeit der Bäume, ihre Stille und ihr Alter wirken anziehend auf uns. Wie können wir uns in ihnen wiederfinden?

Ulrich Schaffer

Ich wurde 1942 in Pommern geboren. Nach dem Krieg wohnte unsere Familie bei Bremen, bis wir 1953 nach Kanada auswanderten. Wir wohnten zuerst in der Prärie Albertas und zogen 1955 in den Norden von British Columbia. Dort ging ich zur Oberschule, in einem Ort, umgeben von Wildnis. Dieses Erlebnis von ursprünglicher Landschaft wurde zu einem wichtigen Bestandteil meines Lebens. Immer wieder zieht es mich zurück in Landschaft, die menschenarm ist.

Von 1961 bis 1970 studierte ich deutsche und englische Literatur und arbeitete anschließend als Dozent an einem College bei Vancouver. Seit 1981 bin ich freier Schriftsteller und Fotograf. Mich reizt es immer wieder, Wort und Bild zusammenzubringen. Schreiben und Fotografieren ist für mich eine Orientierungshilfe. Ich schreibe über das, was mir wichtig ist und was ich selbst lernen will. Ich schreibe darum nicht aus einer Abgeklärtheit, sondern als ein Beteiligter, als jemand, der seinen Weg sucht und sich auf diesem Weg mit anderen verbunden fühlt. Seit 1965 bin ich mit Waltraud verheiratet. Wir haben zwei erwachsene Töchter, Kira und Zilya. Vieles in meinem Leben entsteht auf dem Hintergrund dieser und anderer Beziehungen.

2 3 4 5 6 03 02 01 00 99

Postfach 80 06 69, 70506 Stuttgart, Tel. 0711/78 80 30
Ein Unternehmen der Dornier Medienholding GmbH
Texte, Fotos und Gestaltung: Ulrich Schaffer
Aquarellierte Initiale
und graphische Beratung: Friedrich Peter
Umschlag: Friedrich Peter und Ulrich Schaffer
Layout: Ulrich Schaffer, unter Verwendung
des Software-Programms QuarkXPress
Autorenfoto: Zilya Schaffer
Schrift: Galliard
Reproduktionen: GRS, Ludwigsburg
Druck: Franz W. Wesel Druckerei und Verlag
ISBN 3-7831-1600-7